AF267763

LA
SITUATION POLITIQUE

LES FAUTES

DES RÉPUBLICAINS ET DES CONSERVATEURS

PAR

UN CONSERVATEUR

PARIS

SOCIÉTÉ ANONYME DE PUBLICATIONS PÉRIODIQUES
P. MOUILLOT, IMPRIMEUR
13 ET 15, QUAI VOLTAIRE, 13 ET 15

1889

LA SITUATION POLITIQUE

LA SITUATION POLITIQUE

LES FAUTES

DES RÉPUBLICAINS ET DES CONSERVATEURS

I

La France traverse en ce moment une redoutable crise et il est impossible, si l'on n'est pas atteint du vertige qui semble avoir affolé l'esprit public dans le pays tout entier, d'envisager sans tristesse et sans angoisse les événements que l'année 1889 verra s'accomplir. Si, au moment des élections générales, la situation n'a pas changé, il faudra se résigner à choisir entre le triomphe de la politique radicale, dont les débuts permettent de prouver ce qu'en sera l'épanouissement, et une avilissante abdication entre les mains d'un soldat révolté. Se peut-il qu'il n'y ait pas, dans la majorité du pays, assez de bon sens pour comprendre le péril et qu'il ne se forme pas, parmi les hommes éclairés, une ligue de volontés énergiques pour tenter de le conjurer?

Sera-ce faire une œuvre et un effort stériles que de chercher sincèrement, avec une indépendance complète à l'égard de tous les partis, comment nous en sommes venus à une aussi douloureuse alternative et comment on peut essayer de l'écarter.

Regardons le passé d'abord, puis nous nous tournerons vers l'avenir. Avant d'examiner ce qu'il faut faire, il est bon de voir ce qui a été fait dans ces dernières années et quelles fautes ont amené le mal dont nous souffrons. Il est triste d'être obligé de reconnaître qu'il n'est pas un parti qui, s'il veut faire son examen de conscience, n'ait de graves, très graves reproches à se faire et n'ait sa lourde part de responsabilité.

Les boulangistes et les conservateurs aveugles qui soutiennent le boulangisme avec la naïve espérance de l'exploiter à leur profit, vont partout répétant que l'ennemi à détruire, c'est le régime parlementaire, que le pays est las de ce système démoralisateur et que le mécontentement public n'est autre chose que la haine du parlementarisme. Comme cette explication du mouvement d'opinion qui se prépare est celle qui déplait le moins aux radicaux non boulangistes, elle s'accrédite et le pays finit par admettre ce que tant de gens lui répètent. La vérité, c'est que le pays est las d'un régime parlementaire faussé à la fois par l'esprit intolérant de la majorité républicaine et par la conduite incompréhensible et injustifiable de la minorité qui se dit conservatrice. La vérité, c'est surtout que le pays commence à voir les résultats de la politique radicale et qu'il se révolte non contre le régime, mais contre le gouvernement qu'il subit.

Ce que hait la France ce n'est pas le régime parlementaire. Le régime parlementaire, c'est une abstraction et le suffrage universel n'aime ni ne hait les abstractions; il ne les comprend pas et ne s'en inquiète guère. Un régime vaut, aux yeux de la masse, ce que valent la politique et les actes de ceux en qui le régime s'incarne, de ceux qui exercent le pouvoir, qui sont le gouvernement.

C'est pourquoi la recherche des causes qui ont fait la popularité du général Boulanger se confond avec la recherche des fautes et des défaillances qui ont permis l'établissement en France de l'omnipotence du parti radical. N'est-ce pas d'ailleurs presque une loi fatale que des excès de la démagogie naisse la dictature?

Ce n'est pas d'hier que le gouvernement de la France est aux mains du parti radical. Et cependant, chose singulière, la masse du pays n'aime pas les radicaux et elle leur a donné déjà des signes non équivoques de sa désapprobation.

Comment donc expliquer la singulière influence acquise par ce parti, influence qui a grandi sans cesse depuis quelques années et qui est devenue prépondérante en 1885, au lendemain même du jour où une imposante manifestation en faveur des idées conservatrices avait été faite par le suffrage universel consulté ?

Il est singulièrement instructif de rechercher les causes de ces progrès continus et de cette étonnante fortune d'un parti qui ne se recommande ni par la nouveauté de ses doctrines, ni par les souvenirs du passé, ni par les résultats de sa politique, ni enfin par l'éclat du talent des personnages politiques qu'il a produits.

Est-il nécessaire de définir le radicalisme?

Jusqu'à ces temps derniers il n'avait apparu que comme une doctrine révolutionnaire dont les apôtres allaient de par le monde, prêchant la bonne nouvelle, et n'avaient réussi que dans les moments de crise à usurper un pouvoir éphémère sur les débris de gouvernements renversés. Aujourd'hui le parti radical en France est devenu, en fait, un parti de gouvernement, disons mieux, il est devenu le maître du gouvernement d'abord et enfin le gouvernement lui-même, sans avoir modifié ni ses tendances ni son programme.

Régénérer le monde par le bouleversement de toutes les institutions politiques et sociales qui ont jusqu'à ce jour régi les sociétés civilisées, tel est le programme radical, tel est le but qu'on doit se proposer. Vaste programme assurément, et qui a de quoi satisfaire les plus larges ambitions. Il se recommande, sinon par la précision, du moins par la plus extrême simplicité, car il ne comprend pas, quant à présent, l'organisation d'un système politique et social à substituer à celui qu'il faut détruire.

L'idéal définitif, selon la pure doctrine radicale, paraît être l'établissement d'un état révolutionnaire permanent. Et qu'on ne s'y trompe pas, il ne s'agit pas de perfectionner sans relâche, mais lentement et graduellement ce qui existe, ce que le travail des siècles passés, ce que l'effort même des révolutions a conquis. Une telle politique pourrait être raisonnable, ce n'est pas celle des radicaux. Rien n'est fait, rien n'est à faire avec ce qui est, tout est à défaire jusqu'à ce qu'il ne reste rien, si ce n'est sans doute la religion radicale souveraine et ses prophètes tout-puissants au-dessus d'un monde en ruines. C'est la doctrine de l'évolution, non vers le progrès, mais vers le néant, un évolutionnisme dans lequel on détruit, non pour [créer et améliorer, mais pour détruire, un évolutionnisme aux allures rapides, à la marche impatiente qui n'admet ni les modifications successives, ni les transitions, ni les états intermédiaires, ni l'œuvre lente du temps.

Le parti radical n'a pas qu'un programme idéal, il a aussi un système pratique de gouvernement. On sait aujourd'hui ce qu'est ce système et on en peut apprécier les bienfaits ; il n'est pas d'invention nouvelle et le parti radical n'a fait que l'approprier à son usage. C'est le système de tous les gouvernements despotiques. Il se résume dans la nécessité d'un pouvoir fortement armé, investi d'une autorité sans contrôle réel ; c'est la politique césarienne ou la politique jacobine qui change de nom, mais pas de caractère, selon qu'elle est pratiquée par un César ou par des radicaux. Elle tend à établir un État omnipotent, une sorte d'État-Providence,

substituant son initiative à l'initiative privée même
dans les matières pour lesquelles l'inaptitude de l'État
est manifeste, intervenant dans la conclusion et l'exécution des contrats de droit privé, réglementant d'une
façon étroite et arbitraire l'industrie, le travail, le droit
de propriété.

Ceux qui aiment la liberté doivent redouter la politique jacobine à l'égal de la politique césarienne. On
sait, en effet, comment le parti radical comprend le
libéralisme. Il n'y voit qu'une arme de combat, il n'aime
la liberté que quand il en a besoin pour lui-même, il
ne l'aime pas pour les autres, et, quand il est au pouvoir, il ne croit plus au mérite d'un libéralisme dont il
n'a pas besoin et dont il ne profite pas. Il a pour principe fondamental que le triomphe de ses doctrines
est essentiel au progrès de l'humanité ; donc tout ce
qui est utile à la propagation de ses idées est légitime.
Le libéralisme est nécessairement incompatible avec
un pareil principe ; il n'existe pas, il ne peut pas
exister, pour le parti radical au pouvoir, de libertés
nécessaires.

La liberté de conscience, la liberté du père de
famille, la liberté industrielle et commerciale, la
liberté des contrats privés ne sont que de gênantes
entraves. Elles doivent nécessairement disparaître dans
un intérêt supérieur qui suffit à tout justifier et qu'on
nomme, sous tous les despotismes, la raison d'État.
Cette doctrine a reçu, dans ces temps derniers, de
nouvelles qualifications. « On l'appelle à présent, a dit

M. Jules Simon[1], la souveraineté du but ou la politique des résultats ou d'un autre nom encore. Je lui
restitue sa vraie formule que voici : La fin justifie les
moyens. C'est du haut de cette formule qu'on foudroie
à présent les Jésuites. »

Sont-ce là des affirmations contestables? Sont-ce des
conjectures? Qui oserait le soutenir aujourd'hui que le
parti radical au pouvoir a mis en pratique son système
et qu'on peut le juger non plus seulement par ses discours, mais par ses œuvres?

Jamais, croyons-nous, à aucune époque on n'a vu
le régime de l'arbitraire et du bon plaisir s'épanouir
avec plus d'impudeur qu'aujourd'hui. Dans le domaine
politique, administratif, judiciaire, économique, dans
celui de la conscience, l'intervention du gouvernement
s'exerce, au nom de la raison d'État, avec une activité
qu'aucune considération ne modère. Fortifier le pouvoir central, lui donner des moyens d'action puissants,
briser tout ce qui l'entrave, voilà la préoccupation
unique, le but de tous les efforts. Pour atteindre ce
but, rien ne coûte, rien n'arrête. « Faisons ce qui nous
sert ; chassons, supprimons ou opprimons qui nous
gêne. » Voilà la formule des radicaux; elle répond à
tout.

On comprend où peut conduire, on sait où a déjà
conduit l'application d'une pareille formule. L'administration bouleversée, la prospérité publique compro-

1. Éloge de M. Mignet (Séance publique annuelle de l'Académie
des sciences morales et politiques, 7 novembre 1885).

mise, les droits privés méconnus, les intérêts particu-
liers lésés témoignent des résultats qu'elle a produits.
Qu'il s'agisse de mesures administratives, politiques,
financières, économiques, le parti radical ne se préoccupe pas de savoir si elles sont conformes à l'intérêt
public, au droit, à la justice ou à la loi, mais si elles
peuvent être utiles ou nuisibles à l'affermissement de
son pouvoir.

C'est ainsi que l'épuration du personnel administratif
est devenue l'une des plus graves préoccupations du
Parlement et l'une des plus absorbantes occupations
des ministres. A ce point de vue, les exigences du
parti radical ne sont et ne seront jamais apaisées et il
n'est pas besoin de dire que le souci d'assurer le bon
fonctionnement des services publics n'entre pour rien
dans les motifs de ses insatiables exigences. La question du personnel est devenue pour les grands politiques de l'extrême gauche, une grande question
politique, pour certains d'entre eux, la grande, l'unique
question; elle présente, entre autres avantages, celui de
ne pas comporter de solution définitive et d'être à la
portée des plus petits esprits; on comprend qu'elle
soit pour les radicaux l'objet d'une prédilection parti-
culière et, pour l'activité parlementaire que les questions difficiles fatiguent, un aliment préféré. Le caractère de la politique radicale se manifeste, dans cette
question, de la façon la plus significative. On ne
demande pas aux fonctionnaires de s'acquitter des
devoirs de leur charge avec zèle, intelligence et

probité ; on leur demande avant tout d'être des agents infatigables de propagande politique, au besoin des instruments de pression électorale. Les agents dont les fonctions semblent le plus en dehors de la politique sont soumis, comme les autres, à cette obligation et doivent s'en acquitter sans tiédeur. Un conservateur des hypothèques, un receveur de l'enregistrement qui ne se croiraient tenus que d'être exacts et fidèles dans l'accomplissement des actes de leur ministère, se tromperaient étrangement. On ne tarderait pas à découvrir, comme l'a dit un spirituel écrivain, que, dans les bureaux de ces agents, les hypothèques sont conservées par des mains réactionnaires et les actes enregistrés dans un mauvais esprit, ce qui est évidemment intolérable. L'épuration ne se ferait pas attendre. On devine tout ce que le personnel administratif soumis à ce régime libéral doit gagner en expérience et en dignité.

Discute-t-on la grande question de la réorganisation de notre armée. La préoccupation patriotique de faire une armée forte, redoutable aux ennemis de la France, instruite et disciplinée n'est pas celle qui inspire les radicaux. Pour eux la chose importante, c'est d'avoir une armée constituée sur des bases démocratiques, dévouée à la République et soumise à leur autorité. Le résultat, c'est qu'on détruit dans l'armée la discipline pour y substituer le régime du bon plaisir. M. le général Boulanger, alors qu'il n'était qu'un radical comme les autres, a réalisé dans cette voie de sérieux progrès.

S'agit-il de mesures économiques, le parti radical montre toujours le même esprit. S'il demande le rachat des chemins de fer, c'est parce qu'il voit dans les chemins de fer mis aux mains de l'État un puissant instrument d'influence politique. S'il vote l'exécution de travaux publics, il se préoccupe beaucoup moins de l'utilité publique que de l'utilité électorale de ces travaux. Quand il demande la dépossession de compagnies minières, c'est moins encore pour donner, comme il le dit, la mine aux mineurs que pour épurer des conseils d'administration soupçonnés d'esprit réactionnaire et avoir des places à distribuer ou à prendre.

Dans l'examen et le vote du budget il apporte ses passions et ses haines politiques. La seule chose dont il ne se soucie pas, c'est d'équilibrer les recettes et les dépenses. A quoi bon supprimer les déficits, arrêter le développement anormal et inquiétant de la dette flottante, quand il est si facile de dissimuler au pays l'état véritable de ses finances et si commode de continuer, dans un intérêt électoral, des gaspillages désastreux?

On sait comment il respecte le principe de la séparation des pouvoirs. La fameuse loi dite de réorganisation de la magistrature, œuvre détestable entre toutes, véritable loi d'asservissement du pouvoir judiciaire, a donné à cet égard d'instructives indications.

Ce n'est pas tout, et les lois sur l'instruction publique fournissent la mesure complète du despotisme des radicaux. Qu'on ne s'y trompe pas! ce qu'ils veulent, ce n'est pas répandre l'instruction, c'est asservir l'âme

de la France, en façonnant, selon les principes de la doctrine jacobine, l'esprit et le cœur de la génération qui va grandir. Ils sont pénétrés de ce principe que l'école est la meilleure arme du gouvernement et, comme ils ne sont arrêtés par aucun vain scrupule, ils l'appliquent résolument.

Le système de gouvernement des radicaux se résume donc bien dans cette formule donnée par M. Jules Simon : « La fin justifie les moyens. » C'est un despotisme sans frein et sans pudeur et le pire des despotismes, car, en même temps qu'il supprime toutes les libertés respectables, il encourage le désordre, favorise la licence, se fait le complice des entreprises révolutionnaires et des violences illégales et conduit, par la voie la plus rapide et la plus sûre, à la désorganisation.

Comment donc encore une fois, expliquer l'influence prépondérante que le parti radical a réussi à conquérir en France?

Si l'on veut chercher cette explication de bonne foi et avec une entière indépendance d'esprit, on est amené à reconnaître que la singulière puissance des radicaux tient à deux sortes de causes, aux vices du régime nouveau qu'on veut acclimater en France et de l'esprit public troublé par un siècle de révolutions et aussi, et plus encore, aux fautes commises depuis dix ans par les hommes de tous les partis.

II

Il ne nous paraît pas douteux que notre régime politique, disons le mot, la forme de gouvernement républicaine est plus favorable que ne le serait un régime
monarchique, au succès des radicaux. On pourrait,
croyons-nous, aisément démontrer que, sous la
République, le parti radical acquiert une importance
qu'il n'aurait sous aucun autre régime et rencontre
auprès du suffrage universel une faveur exception-
nelle. A tort ou à raison le nom de République éveille
l'idée d'un gouvernement nécessairement avancé,
presque révolutionnaire par essence. Aux yeux du plus
grand nombre, les radicaux sont les seuls inter-
prètes fidèles de la vraie doctrine républicaine. Ils
constituent une fraction importante du parti républicain et comme ils protestent très bruyamment de leur
dévouement à la République, le pays 'a une tendance instinctive à les considérer comme les plus
fermes soutiens et les plus sincères défenseurs de l'ordre établi ; il a, au contraire, une disposition singulière
à croire que les modérés et les sages ne peuvent pas
être de vrais républicains. Ce que l'histoire ou ses sou-

venirs lui apprennent des différents essais de République en France n'est pas pour modifier son sentiment. Les radicaux ont donc peu de peine à persuader à la masse électorale, qui ne raisonne guère, que la République est leur gouvernement, leur œuvre, leur chose et qu'elle serait en péril si elle n'acceptait pas leurs idées et ne se laissait pas gouverner par leurs mains ; et il arrive que sous la République, le pays vote pour les radicaux par esprit conservateur. Pareille chose ne se verrait jamais sous un régime monarchique.

D'autre part, le système de gouvernement des radicaux, le régime autoritaire qu'ils imposent, par cela seul qu'il est établi sous le couvert de la forme républicaine, est facilement accepté. Le pavillon couvre la marchandise. La République étant réputée le gouvernement de tous, le pays voit sans inquiétude l'État tendre à l'omnipotence. Il ne réfléchit pas que le gouvernement de tous en théorie est, dans la pratique, le gouvernement d'une faction, quand il ne devient pas le gouvernement d'un seul. Les peuples se payent volontiers d'illusions.

La République, en fait, a toujours produit en France une action dissolvante, elle semble porter en elle un germe de désorganisation. Est-ce parce qu'elle est née en des jours de désordre, qu'elle a été constituée brusquement sur des données purement philosophiques, sans aucun lien avec le passé, sans aucun souci de la tradition nationale qui est l'âme des peuples? Le temps, dit un proverbe, ne respecte pas ce qui a été fait sans

lui. La constitution républicaine de la France n'a pas
été l'œuvre du temps. De là vient, sans doute, sa
faiblesse en face des menées révolutionnaires, de là
vient qu'elle tombe entre les mains des radicaux
qui ne croient à la vertu ni du temps ni des tradi-
tions.

Toutefois le régime républicain n'est pas seul responsable du progrès de l'influence radicale. Ce progrès,
en tant qu'il est la conséquence de l'état et de la constitution politiques de la France, tient à des causes plus
profondes que la forme du gouvernement. Est-il besoin
de dire que l'institution du suffrage universel est pour
le radicalisme une arme puissante, qu'elle lui fournit,
pour monter à l'assaut du pouvoir, des bataillons nombreux, moins nombreux peut-être que les masses conservatrices, mais plus résolus, plus ardents et mieux
disciplinés. Le suffrage universel qu'on ne peut guère
songer à supprimer sera, sous tous les régimes, un
péril pour l'ordre public.

Le parti radical trouve encore un élément de succès
dans une particularité du tempérament français. Les
sentiments, les goûts, les idées sont, chez la plupart des
Français, extrêmement mobiles. Le Français aime la
nouveauté, il a besoin de changement ; bien qu'il ait
peur des révolutions et tienne en général à l'apparence
de la stabilité, l'immobilité lui pèse et il lui arrive de
faire des révolutions presque sans le vouloir, uniquement parce qu'il trouve un jour que la même chose
existe depuis trop longtemps. Nous nous souvenons

d'avoir entendu conter à ce sujet une assez amusante anecdote. Le 24 février 1848, un homme en état d'ivresse épelait sur les murs les noms des membres du gouvernement provisoire : « Ah ! dit-il, lorsqu'il eut fini sa lecture, décidément nous sommes trahis, ce sont encore les mêmes que ce matin. » Il avait été témoin de tant de choses depuis trois jours ; il avait entendu d'abord crier : Vive la réforme ! la réforme accordée, le ministère Molé avait succédé à celui de M. Guizot, puis celui de M. Odilon Barrot à celui de M. Molé ; enfin, après une tentative de régence, la République avait été proclamée. Tous ces changements l'avaient ébloui. Il ne pouvait pas croire qu'on dût jamais s'arrêter et, dès qu'un gouvernement durait au delà de quelques heures, la France à ses yeux était trahie. Cette histoire donne une idée assez exacte du goût déraisonnable qu'on a, en France, pour le changement. La politique radicale, que l'on pourrait appeler la politique du mouvement perpétuel sans but défini, paraît faite pour donner satisfaction à cette mobilité du caractère français et exerce, pour cette raison, une certaine séduction.

Mais ce sont là constatations et récriminations stériles. On ne peut pas changer le caractère d'un peuple. On ne peut pas faire non plus que ce qui est ne soit pas. Il est permis de ne pas croire à l'excellence de la République et de lui préférer un régime monarchique. Mais, en politique, les regrets sont vains, et inutiles les désirs, tant qu'on ne peut pas les réaliser. La politique vit d'action, non de spéculation et l'on perd ses peines à vouloir lutter contre la force des choses. « Quand on n'a pas ce que l'on aime, il faut manger ce que l'on a », dit un proverbe fort sage. Quand on n'a pas et qu'on ne peut pas se donner les institutions qu'on aime, il faut tâcher de vivre le mieux possible avec les institutions qu'on a. Ce devrait être, en politique, un précepte élémentaire ; il n'en est pas qui soit moins accepté et moins généralement suivi.

III

Nous sommes en 1889. La République existe en
France depuis 1870, elle est aujourd'hui le gouver ne-
ment de fait et de droit et sa succession, si elle s'ouvre,
ne s'ouvrira pas, dans l'état actuel des choses, quelques
illusions que paraissent avoir à cet égard un trop grand
nombre de royalistes, au profit de la monarchie tradi-
tionnelle. Si donc nous voulons faire œuvre utile,
demandons-nous quelle est la part des hommes dans
les résultats détestables de la politique qui a été suivie
depuis quelques années. Républicains ou conservateurs,
tous ou presque tous ont, en face de la situation présente, à faire leur *meâ culpâ*.

Nous ne faisons pas au parti républicain l'injure de
croire qu'il se compose exclusivement de radicaux, et
cependant on ne peut nier que la majorité républicaine
presque tout entière se soit faite, par passion ou par
faiblesse, la complice de toutes les entreprises radicales.

Le parti conservateur a, lui aussi, de graves reproches
à se faire. S'il avait montré plus d'esprit politique, de
sagesse et de ferme attachement aux principes qu'il
avait mission de défendre, il aurait pu remplir un rôle

qu'il n'a pas su prendre et empêcher peut-être le gouvernement républicain de tomber en de certaines mains.

Sous la République, comme sous tout autre régime, la France demande avant tout au gouvernement de lui donner ce qu'elle considère comme les premiers des biens, l'ordre, la paix et la prospérité matérielle. Il était donc possible au gouvernement républicain, s'il l'avait voulu, de trouver dans le pays un point d'appui solide pour une politique modérée, conciliante, libérale, pacificatrice. Il n'a malheureusement pas su ou pas voulu comprendre les vœux et les désirs du pays. Au lieu de chercher un point d'appui et l'inspiration de sa conduite dans la vraie France, la France qui travaille, qui s'occupe peu de politique, qui est assez indifférente aux principes de gouvernement et ne juge ces principes que d'après les résultats qu'ils donnent, il les a cherchés dans le groupe bruyant et agité de ceux dont la politique est l'occupation et la carrière. Il a gouverné la France, non pas comme il plaisait à la France d'être gouvernée, mais comme il plaisait aux politiciens que la France fût gouvernée. Or, les politiciens sont très généralement des radicaux.

Le parti républicain est devenu définitivement maître du pouvoir, il a gouverné sans entraves depuis les élections qui ont suivi ce qu'il a appelé le coup d'État du 16 mai. En lui donnant sa confiance que lui demandait alors le pays, quelle était la signification du vote qui avait ramené à la Chambre les 363?

Le suffrage universel, on a pu souvent l'observer,

procède plutôt par négation que par affirmation. Il
avait entendu dans cette circonstance manifester la
défiance que lui inspiraient les projets peu définis des
auteurs du 16 mai. Il avait, cela n'est pas douteux,
condamné les espérances monarchiques qu'il prêtait à
tort ou à raison au gouvernement qui avait fait la dissolution. Il avait déclaré nettement qu'il ne lui convenait pas de faire ce que les Anglais appellent un saut
dans la nuit.

Mais s'il ne voulait pas s'exposer aux troubles d'une
modification constitutionnelle, il n'entendait pas davantage encourager une politique de représailles et d'agi-
tation radicale. Il demandait l'apaisement des luttes
politiques nécessaire au développement de la prospérité publique et il comptait que la majorité républicaine allait lui rendre ce à quoi il tient le plus, le repos.
C'est là ce qu'il voulait, c'est là ce qu'on lui avait pro-
mis. A-t-on oublié que la réélection des 363 a été faite
à la suite d'un manifeste rédigé par M. Thiers et accepté
par tous sans exception, et ne sait-on plus que ce
manifeste, auquel le nom de son auteur donnait une si
haute valeur, ne parlait que de la modération dont avait
fait preuve jusqu'alors le parti républicain et présen-
tait ce parti aux électeurs comme le parti de l'ordre et
de la paix?

Pourquoi tenait-on ce langage? Pourquoi les plus
fougueux et les plus ardents se résignaient-ils à
faire taire leurs impatiences pour se ranger résolument derrière l'homme dont la devise était : « La

République sera conservatrice ou elle ne sera pas » ?
Pourquoi, sinon parce que le succès était à ce prix.

Il semble véritablement que la majorité républicaine
remise en possession du pouvoir, au lieu de songer à
tenir les promesses faites en son nom, à répondre au
vœu du pays, n'ait eu qu'une hâte, celle de se venger
de la contrainte qu'elle avait dû s'imposer au cours de
la période électorale. Il y avait, en effet, après le
16 mai, pour le gouvernement et la Chambre, à choisir
entre deux politiques : l'une, politique modérée, conciliante, sachant où elle allait, préoccupée d'apaiser les
hostilités et les défiances, soucieuse de rendre le calme,
de favoriser l'essor de la prospérité publique ; l'autre,
politique de passion et de faiblesse, de représailles et
de rigueur à l'égard de tous ceux qu'on soupçonnait de
ne pas aimer la République, de complaisance ou de
défaillance en face des revendications radicales. Il
n'est pas besoin de dire que c'est la seconde qui a été
suivie.

On a donné à cette politique un nom, l'opportunisme,
nom prétentieux qui ne signifie autre chose que politique sans principes, sans programme, sans prévoyance,
inspirée au jour le jour par des préoccupations électorales, politique consistant à ne jamais résoudre les
difficultés, mais à les détourner ou à les ajourner. Aux
yeux des opportunistes, l'habileté suprême consiste à se
débarrasser d'une exigence dangereuse en donnant
satisfaction à une autre qui ne l'est pas moins. Dans
cette nouvelle école politique, les grands intérêts du

pays, le développement de la prospérité nationale dans l'avenir sont choses secondaires, la minute présente compte seule et pour garder le pouvoir on doit être prêt à tout faire et à tout sacrifier. « On ne va jamais aussi loin, disait Cromwell, que quand on ne sait pas où on va. » L'opportunisme n'a jamais su ni cherché à savoir où il allait. Que de chemin il a fait ainsi!

S'il était vrai, comme le disait le manifeste électoral de M. Thiers, qu'avant le 16 mai la majorité républicaine n'avait manifesté aucune des tendances radicales dont on l'accusait, comme elle a, depuis son triomphe définitif, modifié son attitude et changé de politique; comme elle a pris à tâche de justifier le procès de tendance qu'on avait eu l'imprudence de lui faire prématurément!

Mais, dit-on, elle avait été provoquée, il eût fallu une modération plus qu'humaine pour ne pas se laisser aller à des représailles. C'est possible. Mais n'est-ce pas Montesquieu qui a dit « que la République repose sur la vertu ». Il y avait là, pour le parti républicain, une belle occasion de le démontrer. Était-il d'ailleurs si difficile d'être sage et la majorité républicaine aurait-elle eu si grand mérite à l'être? Il lui suffisait, ce nous semble, de s'inspirer des vœux du pays. Le simple respect de la souveraineté nationale aurait dû lui imposer cette modération sur laquelle le pays, en votant pour les 363, avait cru pouvoir compter. Qu'il y ait eu quelques changements de fonctionnaires à opérer parmi ceux qui s'étaient compromis contre la majorité triomphante;

nous voulons bien l'admettre, mais il fallait que cela fût fait sobrement et rapidement et qu'on s'en tînt là. On devait, ensuite, et dès la première heure, si on se préoccupait de l'avenir de la République et de l'intérêt public, savoir résister aux amis trop ardents et s'efforcer de ramener à soi les adversaires.

Qu'est-ce donc que la politique, sinon l'art de donner satisfaction à tous, de façon à grouper autour de soi toutes les forces qui peuvent contribuer au bien de l'État? Comment appeler une politique qui ne tend qu'à servir les intérêts d'une secte, les appétits d'une coterie étroite qui ne voit dans la possession du pouvoir qu'un moyen de satisfaire ses passions, ses rancunes ou ses intérêts? On n'est pas digne du nom d'homme d'État quand, parce qu'on ne sait pas résister à ses ardeurs ou parce qu'on n'a pas le courage de lutter contre les ardeurs des autres, parce qu'on craint d'être accusé de tiédeur ou d'être traité en suspect par une poignée d'hommes aux exigences insatiables, on se fait le promoteur de mesures funestes ou le complaisant d'un parti dont on n'acquiert les faveurs qu'au prix du sacrifice humiliant de son indépendance. On n'est homme d'État, on n'est homme politique qu'à la condition de n'avoir ni passion ni faiblesse. Depuis huit années la passion a emporté et gouverné la Chambre; la faiblesse a asservi les ministères, quand la passion ne les emportait pas euxmêmes.

Il y avait cependant après le 16 mai un homme qui avait assez d'ascendant sur la Chambre pour être en état de lui imposer une politique. Gambetta exerçait à cette époque et a conservé jusqu'à sa mort sur la majorité républicaine une autorité incontestée. Qu'a-t-il fait de son influence? Il a inventé l'opportunisme et s'est fait le porte-paroles des revendications de l'extrême gauche. Loin de chercher à contenir les ardeurs de la Chambre, il les a provoquées. C'est lui qui, de sa voix retentissante, a poussé le fameux cri de haine : « Le cléricalisme, voilà l'ennemi! » et qui a suscité dans un pays avide de repos la plus terrible des guerres. Peut-être plus tard a-t-il regretté son langage imprudent et a-t-il compris la vérité de cette parole de l'Écriture : « Quiconque, dit-elle, sème le vent récoltera la tempête. » Gambetta a vécu assez pour voir qu'il avait déchaîné une tempête qu'il n'était plus maître d'apaiser. L'esprit politique eût consisté à ne pas faire une chose qu'il devait plus tard regretter.

On dit cependant de Gambetta que c'était un homme de gouvernement. S'il suffit pour être un homme de gouvernement d'avoir un goût très vif du pouvoir et un tempérament autoritaire, nous conviendrons que Gambetta en était un ; mais si l'on doit juger un homme d'État par son œuvre nous lui contestons ce titre.

Un républicain sincère, écrivain éminent, dont la mort prématurée a été un deuil pour les lettres et la politique, M. Gabriel Charmes, appréciait en 1880 l'œuvre de Gambetta dans des termes que nous demandons la permission de citer : « Il y a au-dessus des ministères une volonté qui semble avoir pris à tâche de faire détruire par des instruments dociles et responsables toutes les institutions qui risqueraient de gêner un jour son pouvoir et d'opposer à son gouvernement le frein des libertés publiques. C'est à cette œuvre, pour laquelle, chose étrange! les ouvriers ne lui ont jamais manqué, qu'il use alternativement, non seulement les choses, mais les hommes ; en sorte que, lorsqu'elle sera terminée, il ne restera plus en France ni institutions ni hommes indépendants, ou plutôt, il ne restera plus qu'un homme en face d'un pays nivelé[1]. »

Gambetta, il faut oser le dire, a exercé une influence néfaste, non seulement parce qu'il a imprimé à la politique républicaine une mauvaise direction, mais encore parce qu'il a empêché tout autre que lui d'avoir l'ombre d'une autorité personnelle et de faire prévaloir une politique différente de celle qu'il lui convenait de voir suivre.

Mais, cela dit, il faut reconnaître que les différents ministres qui se sont succédé au pouvoir n'ont pas fait de grands efforts pour s'affranchir, soit de l'autorité de Gambetta de son vivant, soit, après sa mort, des exigences du radicalisme.

M. Jules Ferry, même après le piteux effondrement de sa fortune politique, passe aux yeux de quelques-uns pour un homme de gouvernement. C'est, dit-on quelquefois, le seul qu'ait rencontré la République.

---

1. *Nos fautes.* Lettres de province 1879-1885, par un républicain.

Qu'a-t'il donc fait pour mériter qu'on dise cela de lui ? Il a été l'un des instruments dociles qu'employait Gambetta, et, bien qu'il fût, lui aussi, un autoritaire, il a su, en véritable opportuniste qu'il était, se plier, pour garder le pouvoir, devant un plus puissant que lui. S'il a parfois montré de l'indépendance et de la décision, ce fut pour se mettre au-dessus de la légalité. C'est à lui que revient l'honneur d'avoir fait de sa propre autorité, après le rejet du fameux article 7, ce que le Parlement avait refusé de faire. C'est lui encore qui, dans l'affaire du Tonkin, n'a pas reculé devant la responsabilité d'engager, sans vote du Parlement, une véritable guerre avec la Chine en la qualifiant d'état de représailles. Et il l'a fait parce qu'il n'a pas osé tenir à la Chambre le langage d'un patriotisme viril. Il a préféré, dans l'intérêt de la conservation de son pouvoir et sous l'influence de préoccupations électorales, dissimuler, tant qu'il l'a pu, la situation véritable et prendre des demi-mesures quand il eût fallu demander aux Chambres, dans l'intérêt de nos soldats et pour l'honneur du drapeau, un vigoureux effort et un sérieux sacrifice.

Il est des occasions dans lesquelles un homme d'État doit savoir tomber. Si M. Ferry avait été renversé pour avoir eu le courage de sacrifier sa popularité et son pouvoir afin de remplir le devoir patriotique qui s'imposait à lui et qu'il fallait imposer au pays, nous le saluerions avec respect. Il a hésité et au lieu d'exiger des Chambres un grand sacrifice qui eût été fécond, au lieu de montrer qu'une action très énergique pouvait seule terminer promptement et glorieusement la campagne, il s'est résigné à ne faire qu'à la dernière extrémité, et presque en cachette, les envois de troupes indispensables et il a émietté sans profit les forces de la France par des sacrifices successifs dont aucun ne venait à son heure et n'était suffisant. A une politique sincère il a préféré une politique d'expédients. Aussi quand, après le malheur de Lang-Son, il est tombé dans les conditions humiliantes que l'on sait, sans un mot de révolte contre les outrages dont on l'abreuvait, écrasé en quelque sorte sous le poids du mépris public, semblant avoir perdu même tout orgueil et toute dignité, il a porté la peine non pas d'un accident de guerre, mais de ses hésitations et de ses faiblesses. Il avait reculé devant la crainte du mécontentement de la Chambre et surtout de l'opposition de l'extrême gauche. Il a fait la triste expérience qu'en ayant des complaisances pour certains partis on ne fait que des ingrats. Un véritable homme d'État ne fait pas de ces expériences.

Que dire de M. de Freycinet qui semble être, depuis quelques années, l'homme nécessaire? Il est bien en effet l'homme de la situation et personne ne saurait mieux que lui s'acquitter du rôle humiliant qu'il consent à jouer. Aucune concession ne coûte à sa fermeté; sa dignité s'accommode de toutes les défaillances et il possède au suprême degré le don de se résigner de bonne grâce aux sacrifices que le radicalisme exige de lui. Avec cela très habile dans l'art de bien dire, il

sait accommoder son langage au goût des auditoires
les plus différents. Comme, en prenant le pouvoir, il
a renoncé à avoir aucune idée à lui et aucune volonté
personnelle, il est merveilleusement propre à toujours
exprimer les idées qui plaisent à ceux qui l'écoutent.

S'il ne recule, dans sa conduite, devant aucune
faiblesse, il ne recule, dans son langage, devant aucune
audace et on éprouve, en lisant ses discours, des étonne-
ments singuliers. Il lui est arrivé naguère au Sénat,
lorsqu'il était président du conseil, de qualifier le ministère qu'il présidait de ministère de résistance au radicalisme et de comparer sa politique à celle du grand
Casimir-Perier. On sait que parmi ses collaborateurs se
trouvaient à cette époque MM. Lockroy, Granet et le général Boulanger. Et dans les voyages en province qu'il a faits
en 1886, comme on a pu admirer à la fois la souplesse et la
hardiesse de son esprit! A Toulouse, il parle de la sagesse
du parti républicain et de la rare vertu qu'il a montrée
en sachant contenir ses aspirations; dans le même
discours il montre, d'ailleurs, que le désir de voir se
constituer un parti conservateur républicain est un désir
au moins prématuré. A Montpellier, il salue dans les
radicaux du Midi l'avant-garde de la République derrière
laquelle le gouvernement doit marcher, les éclaireurs
qui découvrent l'horizon et permettent à des réformes,
considérées d'abord comme des utopies, de devenir
plus tard des réalités. A Bordeaux, centre moins avancé,
il parle de la modération, et du sens politique de ces
mêmes radicaux du Midi qui venaient de lui donner la

mesure de leur esprit d'abnégation en ne lui demandant qu'une seule chose, l'épuration des fonctionnaires.

Si donc M. de Freycinet mérite qu'on dise de lui qu'il est un orateur plein de ressources, il ne justifie certes pas la belle définition que Cicéron donne de l'orateur : *Vir probus, dicendi peritus*. L'on peut, au contraire, lui appliquer mieux qu'à tout autre ce que Tacite dit des ambitieux qui font *omnia serviliter pro dominatione*. Si le général Boulanger arrive au pouvoir et n'oublie pas ce qu'il doit à son ancien président du conseil, il est probable qu'il ne fera pas en vain appel au dévouement et aux services de M. de Freycinet.

Voilà l'homme à qui l'on a donné le suprême objet de ses convoitises, l'honneur de commander notre armée. Nous lui devons déjà, on l'a oublié sans doute, la perte de l'influence française en Égypte. Fasse le ciel que nous ne lui devions pas un jour de plus irréparables malheurs !

Le cabinet Rouvier, rendons-lui cette justice, a voulu montrer quelque énergie. Il a paru comprendre la nécessité impérieuse de s'affranchir du joug des radicaux. Était-il trop tard pour rompre avec une politique si longtemps acceptée qu'elle semblait être devenue la politique nécessaire de tout cabinet républicain ? On a pu voir, aux cris de colère de l'extrême gauche, aux accusations ridicules de complicité avec les partis monarchiques qui ont été immédiatement formulées, combien l'habitude d'être écoutés et obéis toujours faisait trouver aux radicaux incroyable et audacieuse une velléité d'indé-

pendance, une tentative d'émancipation. Et cependant
que de précautions le ministère avait prises pour atténuer, aux yeux des plus ombrageux, ce que son entreprise avait de hardi. Il déclarait aussi souvent et aussi
haut que possible, qu'il considérait la droite de la
Chambre comme un élément négligeable, qu'une majorité qui ne serait obtenue qu'avec l'appoint des voix de
droite ne serait pas pour lui une majorité. Cette déclaration maladroite, cette faiblesse inutile l'ont perdu.
Tenir un pareil langage, c'était, au point de vue constitutionnel, formuler une singulière théorie; au point de
vue politique, c'était commettre une faute qui a voué le
ministère à l'impuissance et a rendu stériles ses bonnes
dispositions. Les radicaux ne se payent pas de mots et
les égards les rendent plus exigeants; ils l'ont montré
une fois de plus. D'autre part, la droite a trouvé dans
les déclarations ministérielles un prétexte, qu'elle a été,
il faut le dire, trop heureuse de saisir, pour traiter le
cabinet en ennemi. Et c'est ainsi qu'il est arrivé que ce
ministère bien intentionné a préparé la place pour le
cabinet Floquet.

Il ne s'est donc pas trouvé dans la majorité républicaine de la Chambre un homme qui ait compris qu'entreprendre de calmer les impatiences radicales en
faisant au radicalisme des concessions était une œuvre
insensée. « Sitôt qu'on s'écarte du strict nécessaire, a
dit le feu duc de Broglie dans ses souvenirs, sitôt qu'on
accorde quelque chose à la réaction, à l'animosité, à la
fantaisie, on ne tient plus rien, on est hors de voie, on

appartient au vent qui souffle. » Le gouvernement républicain s'abandonne depuis dix ans au vent qui souffle, c'est pour cela que la France appartient aujourd'hui aux radicaux et qu'elle en est à avoir pour président du conseil des ministres un personnage comme M. Floquet. C'est pour avoir essayé de vivre au jour le jour, pour s'être contentés de l'apparence d'un pouvoir vacillant, brisé à la moindre velléité d'indépendance, que les ministres de la République ont, peu à peu, provoqué quelquefois, accepté toujours les mesures les plus funestes dont la préparation, la discussion et l'exécution ont absorbé, au détriment des lois utiles, toute l'activité parlementaire et gouvernementale.

Faut-il énumérer les plus graves de ces mesures et montrer comment le parti radical a réussi à les imposer?

L'une des premières questions dont le parti républicain et le gouvernement aient eu à s'occuper, est la question de l'amnistie des condamnés de 1871. Elle a fait son apparition au lendemain du 16 mai. En 1879, M. Waddington étant président du conseil, elle était posée. M. Waddington eut le courage de dire : jamais. Mais pour faire pardonner au ministère sa résistance, M. Ferry inventa l'article 7. C'était de la part de M. Ferry en même temps qu'un acte de passion personnelle, une avance au radicalisme. On espérait en donnant aux radicaux, qu'on nous permette cette expression vulgaire, un os à ronger, détourner leur attention de l'amnistie. L'article 7 plut à l'extrême gauche et fut le signal de la guerre religieuse ; mais les radicaux montrèrent vite qu'ils étaient capables de poursuivre deux œuvres à la fois. En 1880, sous le ministère Freycinet, la question de l'amnistie reparaissait. Cette fois M. de Freycinet se contenta de dire : plus tard. Trois mois après l'amnistie était acceptée par le ministère et votée par la Chambre au moment même où, par une singulière coïncidence, les décrets du 29 mars commençaient à être appliqués. M. de Freycinet avait été converti ; il avait compris qu'il était nécessaire de faire quelque chose pour la paix publique, et comme on venait d'éveiller les haines religieuses en expulsant les religieux, il lui paraissait sage d'apaiser les passions révolutionnaires en rappelant les communeux. On sait comment cette mesure a calmé les ardeurs intransigeantes et avec quelle reconnaissance les incendiaires de 1871 ont accueilli l'amnistie.

Nous venons de dire un mot de la guerre au clergé et de montrer comment l'article 7, qui devait sauver de l'amnistie, avait eu, à cet égard, un résultat efficace. Ce qui a suivi la promulgation des décrets du 29 mars a bien vite démontré qu'en donnant un aliment aux passions antireligieuses, on les avait surexcitées au lieu de les satisfaire. On s'est attaqué d'abord aux Jésuites seuls, puis à toutes les congrégations enseignantes, puis à celles qui n'enseignent pas, puis à celles qui secourent les pauvres et soignent les malades. Cela fait, a-t-on dit : assez ? Non pas, et c'est à la religion elle-même que le radicalisme s'est attaqué. Sous prétexte de neutralité religieuse, on a introduit dans les écoles les catéchismes irréligieux de M. Paul Bert en même temps qu'on en excluait, sans souci des désirs des pères de famille, le catéchisme religieux.

Puis est venue la loi sur la magistrature. Faut-il dire à quelles honteuses réclamations, à quelles détestables rancunes, à quels mobiles inavouables on a cédé quand on a abandonné aux haines et aux convoitises de l'extrême gauche une institution dont l'indépendance est la seule garantie du respect des droits des citoyens. Il s'était rencontré des magistrats assez peu pénétrés de leurs devoirs pour refuser de rendre à la politique républicaine les services que celle-ci leur demandait. Cela était assurément intolérable. Il n'était pas non plus admissible que des députés radicaux pussent perdre des procès privés[1]. Aussi la Chambre a-t-elle

1. On sait à quel scandaleux incident nous faisons ici allusion. Le nom de M. Seignobos, qui en a été le héros, mérite de n'être pas oublié. M. Seignobos avait, devant la cour de Nîmes, un procès. Un avocat général, M. Clappier, avait conclu dans un sens contraire à ses prétentions. Il fut révoqué peu de temps après et M. Seignobos eut l'impudeur d'écrire les deux lettres suivantes, la première à M. Clappier lui-même. Cette lettre était ainsi conçue :

« Paris, 7 février 1880.

« Monsieur Clappier, avocat général, à Nîmes.

« J'espère être le premier à vous annoncer votre déplacement. Je suis heureux de la large part que j'ai eue à cet acte de justice complète, bien due à votre impartialité et à votre amour de la vérité. »

La deuxième à son avoué. En voici également les termes :

« Paris, 8 février 1880.

« Mon cher avoué,

« ... Je ne voulais reparler de notre malheureuse affaire que lorsque j'aurais obtenu la destitution de M. Clappier. J'ai eu le malin plaisir

exigé qu'on lui livrât le principe de l'inamovibilité des fonctions judiciaires et elle a trouvé un ministre, M. Martin-Feuillée, pour accepter la détestable besogne de faire l'épuration des magistrats.

Ce n'était pas encore assez. On avait sacrifié au radicalisme la religion et la magistrature. Restait l'armée. On la lui a livrée aussi. La politique radicale s'est installée au ministère de la guerre avec le général Boulanger et il n'est pas besoin de dire que M. de Freycinet ne l'en a pas fait sortir. La loi militaire en préparation permet de juger ce que veulent faire le ministre et la Chambre sous prétexte de réorganisation militaire.

L'on sait, enfin, comment le personnel administratif a été soumis au régime de l'épuration sans relâche. A ce point de vue le parti radical, dont nous avons montré tout à l'heure les exigences, a obtenu tout ce qu'il a demandé.

Voilà en résumé quelle a été l'œuvre des Chambres et des ministères pendant ces dix dernières années. Nous pensons que cette œuvre a été détestable, et le pays, quoi qu'on en puisse dire, le pense aussi. Le pays

---

de lui annoncer hier cette nouvelle. Ce n'était d'abord qu'un déplacement, mais j'ai vivement insisté pour qu'il ne fût pas replacé. C'est le commencement, le reste viendra plus tard.

« Signé : SEIGNOBOS. »

« P.-S. — Vous pouvez montrer ma lettre au conseiller D'Hauteville. Je ne cache pas la part décisive que j'ai prise à la révocation de M. Clappier. »

De tels faits se passent de commentaires.

est fatigué des luttes et des agitations stériles, il
demande qu'on s'occupe de ses intérêts matériels qu'il
sent compromis, de ses finances dont l'état l'inquiète
non sans raison, en un mot qu'on fasse ses affaires; il
s'étonne à bon droit que ses mandataires n'en aient eu
jusqu'à ce jour ni le loisir ni la pensée.

IV

Mais si la majorité républicaine et les ministères pris dans son sein ont de graves reproches à se faire en face d'une situation qui est leur œuvre, le parti conservateur de la Chambre est bien coupable aussi pour n'avoir pas compris quel rôle il devait prendre, quelle conduite il devait tenir.

Si **M.** Floquet est aujourd'hui au pouvoir, si demain nous apporte la honte d'avoir **M.** Boulanger pour maître, la droite devra se dire qu'elle pouvait empêcher que cela ne fût et qu'elle ne l'a pas voulu. La droite, malgré son infériorité numérique, pouvait prendre sur la direction de la politique une influence prépondérante. Il lui suffisait pour cela de répondre à ce que les trois millions d'électeurs qu'elle représentait attendaient d'elle.

Voyons donc ce qu'elle a fait depuis dix ans et dressons le bilan de ses fautes. C'est une entreprise ingrate, nous ne nous le dissimulons pas. Les partis, comme les individus, supportent mal les reproches et acceptent peu les conseils. C'est pour cela que, parmi ceux mêmes qui gémissent de fautes qu'ils condamnent inté-

rieurement, il en est tant qui gardent un lâche silence
et s'associent même à ces fautes pour n'avoir pas le
courage de braver la colère de leurs amis.

Les partis sont exigeants ; il faut leur appartenir
corps et âme et l'indépendance est vite qualifiée de
trahison. Dès qu'on se sépare, on est rénégat, et la
sincérité à l'égard des adversaires est taxée de complaisance pour le parti opposé. Le reproche d'ambition
impatiente est le prix de ceux qui ont la vertu de la
franchise. De là provient un des vices les plus répan-
dus dans les assemblées publiques. Ce vice, obstacle
au développement des bonnes mœurs parlementaires
et à tout progrès, consiste en une sorte d'hypocrisie
politique. On défend ou on attaque certaines mesures
non selon qu'elles sont utiles ou fâcheuses, mais selon
qu'elles émanent du groupe dont on fait partie ou au
contraire d'un groupe opposé. Combien les débats
parlementaires seraient plus dignes et plus féconds, si
nos assemblées contenaient plus d'hommes assez indépendants et à l'âme assez fière pour ne pas subir cet
humiliant assujettissement et pour conserver en face
du despotisme d'un groupe leur liberté d'appréciation.

Le parti conservateur a commis une première faute
et une faute grave en 1875 lorsqu'il a fait le 16 mai —
non pas que le péril contre lequel on a voulu réagir
n'existât pas ; l'usage qu'ont fait les 363 de leur vic-
toire a montré de quoi ils étaient capables et quelle
politique avait leurs préférences ; non pas encore
que le régime du 16 mai ait été ce qu'on l'a tant accusé

d'être, un régime d'illégalité oppressive. — Cela fût-il vrai, les républicains n'auraient plus aujourd'hui le droit de taxer sévèrement des procédés qu'ils ne craignent pas d'employer. Le ministère du 16 mai n'a pas été plus oppressif et plus arbitraire que celui de l'autoritaire M. Jules Ferry ou du conciliant M. de Freycinet.

Mais le 16 mai a été une faute et une lourde faute, parce que la dissolution a eu pour conséquence de soumettre au jugement du suffrage universel un procès de tendances. Or, le suffrage universel n'est pas capable de juger un pareil procès. Cela est au-dessus de sa compétence. Le suffrage universel, on l'a dit et rien n'est plus juste, est un instrument peu sensible.; c'est une balance dont les plateaux ne s'ébranlent que sous d'énormes poids ; les poids légers les laissent immobiles. La masse du pays ne juge la politique que par les résultats tangibles qu'elle produit. Ne lui demandez pas de condamner d'avance ce qui peut-être ne se réalisera jamais. Les périls futurs ne l'impressionnent pas.

En outre, si le gouvernement d'alors voulait avoir quelques chances de faire triompher la cause conservatrice, il fallait qu'il arborât et fît arborer par tous les candidats dont il souhaitait le succès, le drapeau de la République. Le pays n'a jamais pu comprendre que, la République étant le régime de fait et de droit, le gouvernement considérât le cri de vive la République comme un cri hostile, presque séditieux. L'attitude du gouvernement et des candidats de la droite au cours de la période électorale a eu pour conséquence de faire considérer le parti conservateur comme un parti en révolte contre les institutions du pays.

Enfin le 16 mai a été une faute, parce qu'il a donné un prétexte aux représailles, compromis le clergé en le mêlant aux luttes électorales et rendu le pays défiant à l'égard du parti conservateur auquel il entendait reprocher, auquel il allait entendre si longtemps reprocher, non sans apparence de raison, d'avoir troublé la paix publique.

Après le 16 mai, la droite, réduite dans la Chambre à une très faible minorité, a été traitée par le parti républicain comme une quantité négligeable. Tenue en dehors de toutes les commissions importantes, elle pouvait difficilement jouer un rôle et exercer une influence quelconque. Mais, si elle était hors d'état d'exercer sur la politique une action efficace, elle pouvait du moins intervenir dans les discussions et faire apprécier par le pays la sagesse de ses conseils, la fermeté de son attitude, son inflexible fidélité aux principes méconnus ou violés d'une politique vraiment conservatrice et uniquement soucieuse des intérêt du pays. Cela, une minorité, quelque faible, quelque opprimée qu'elle soit, peut toujours le faire. Quand cette minorité est une minorité qui s'appelle conservatrice et se compose d'hommes qui ont la prétention de constituer un parti d'ordre et un parti de gouvernement, elle a le devoir de le faire.

A côté de cette politique sage, il y en avait une autre,

politique d'opposition irréconciliable à la forme même du gouvernement, tendant à un seul but : déconsidérer le régime républicain en favorisant le désordre, en poussant et en aidant au renversement de tous les ministères, en provoquant au besoin les violences, en se réjouissant des menées radicales dans le seul espoir de voir sombrer la République dans l'abîme que les passions de la gauche creusaient sous ses pieds.

Cela, c'est une politique indigne d'un grand parti, indigne surtout d'un parti dont le principe fondamental doit être la défense des institutions sociales qui font la force et la grandeur des peuples, la sauvegarde des lois éternelles qui président au développement des États civilisés.

Quand on est dans l'opposition, on devrait toujours penser au jour où l'on sera devenu le gouvernement. On se garderait alors comme de la plus grave des imprudences, des déclarations qui atteignent non pas seulement le gouvernement qu'on attaque, mais les principes de tout gouvernement ; on ne se laisserait jamais entraîner à des coalitions avec des partis dont on réprouve les doctrines, coalitions dans lesquelles, pour faire de l'obstruction, on sacrifie les intérêts du pays, dans lesquelles on compromet aussi sa dignité, son bon renom et dans lesquelles enfin le pays, qui n'en démêle pas les motifs subtils, ne voit qu'une trahison.

La droite s'est trop souvent laissée aller à faire des coalitions avec l'extrême gauche ; elle n'a pas eu le langage modéré, calme et ferme qu'on eût aimé lui entendre tenir. Aux violences de la gauche, elle a répondu par des violences semblables. Au lieu de chercher à grouper dans la Chambre, en faisant appel à tous les concours, un parti d'opposition conservatrice constitutionnelle et de résistance à la politique radicale, elle a fait une opposition dont le caractère a été plus anticonstitutionnel que conservateur. Tous les groupes républicains de la Chambre ont été l'objet, de sa part, d'une égale aversion ; le centre gauche dont elle aurait pu et dû, dans bien des cas, chercher à se rapprocher, a été peut-être de tous celui pour lequel elle a manifesté le plus d'éloignement.

Il a toujours été, il est encore aujourd'hui de mode d'attaquer ce pauvre centre gauche, de le railler de son impuissance ou de le charger de tous les méfaits et de le rendre responsable de tout ce que le gouvernement républicain a fait ou laissé faire de mauvais.

Ces attaques et ces reproches nous semblent pour la plupart fort injustes et nous demandons si le parti conservateur a bien le droit de reprocher au centre gauche son impuissance ou sa faiblesse, alors qu'il l'a toujours traité en ennemi. Il est arrivé, sans doute, au centre gauche d'essayer de la conciliation quand une ferme résistance aurait beaucoup mieux valu, et d'accepter d'assez malheureuses transactions, mais ne lui est-il pas arrivé aussi, quand il a prêché la résistance, d'avoir prêché dans le désert et de n'avoir réussi qu'à grouper la droite et la gauche dans une action commune contre lui.

Il était, dit-on, difficile que la droite eût une autre attitude en face de l'hostilité déclarée et haineuse de la majorité républicaine ; il lui aurait fallu, pour rester calme, une sérénité d'âme qu'on ne peut guère demander à des hommes. Il lui eût fallu simplement un peu d'esprit politique ; et l'on peut répéter à la droite ce que nous avons dit tout à l'heure en parlant de la majorité républicaine : la politique n'est pas affaire de sentiments, mais de raison.

Mais tout cela peut-être a été sans grand inconvénient tant que la droite n'a été qu'une infime minorité. Elle tenait si peu de place que l'on ne pensait guère à chercher ce qu'elle eût pu faire d'autre que ce qu'elle faisait, et que le pays ne pouvait pas, sans injustice, lui demander un compte sévère de l'exécution du mandat confié à ses soins.

Après les élections du mois d'octobre dernier, la situation n'a plus été la même. Les élections ont amené à la Chambre une minorité de droite importante, minorité qui aurait pu devenir le centre d'une opposition conservatrice puissante, si elle avait mieux compris la signification des suffrages recueillis par elle et s'était inspirée et des devoirs nouveaux que sa situation nouvelle lui imposait.

Le 4 octobre dernier, le pays a condamné la politique opportuniste. En votant pour des conservateurs il a surtout voté contre l'ancienne majorité ; comme

il le fait presque toujours, il a procédé par négation,
non par affirmation. Il a déclaré, avec une fermeté à
laquelle on ne s'attendait pas, qu'il était las des agitations stériles, des querelles funestes; il a demandé
hautement qu'on lui donnât l'ordre et la paix, qu'on
s'occupât moins des aspirations radicales et un peu
plus de ses intérêts.

La droite avait donc, au lendemain de ces élections,
des devoirs très bien définis à remplir, si elle voulait
justifier et conserver la confiance que le pays avait mise
en elle. L'attitude à prendre était bien nettement indi-
quée. Il eût fallu, dès la première heure, recevoir avec
calme, sans cris de triomphe, sans manifester ni ardeurs
impatientes, ni désirs de réaction et de vengeance,
l'expression des volontés de la nation. Il fallait ensuite
faire taire toutes préférences constitutionnelles ou espérances monarchiques. Cela était d'autant plus facile que
l'impuissance de réaliser ces espérances était, au moins
pour le moment, manifeste. A ce point de vue, le pays
ne demandait pas davantage ; il n'entendait pas exiger
de ses élus qu'ils fissent un acte d'adhésion solennelle à
la République; il se fût contenté de trouver chez eux,
pour la constitution républicaine, un respect silencieux.

Est-ce là ce qu'on a fait? Non pas, et dès le lendemain du 4 octobre, certains journaux et certains
hommes politiques remplissaient le pays des éclats
d'une joie bruyante et faisaient entendre, au lieu du
langage digne et pacifique qui eût convenu, des paroles
de haine et de menace. On disait tout haut que si un

lambeau de légalité se dressait entre le but à atteindre et le résultat réalisé par le suffrage universel, un coup de fusil détruirait au besoin ce haillon. Étrange langage, en vérité, paroles dangereuses qui répondaient singulièrement à l'attente et aux vœux du pays.

En même temps on voyait, dans certains départements, les conservateurs favoriser des candidatures radicales plutôt que de s'effacer, au second tour de scrutin, devant des républicains modérés qui avaient obtenu une majorité relative et qui, avec l'appoint de toutes les voix conservatrices, seraient venu à la Chambre grossir les forces du parti de l'ordre.

Le résultat du scrutin de ballottage a montré les conséquences de cette maladroite et imprudente conduite. Sans doute le gouvernement, après la surprise du 4 octobre, a usé de tous les moyens en son pouvoir pour favoriser le succès des fameuses listes de concentration républicaine. Il n'est pas moins vrai que l'échec des listes de droite a attesté, en même temps que la pression gouvernementale, un mouvement très réel de défiance et de recul.

Malgré ces maladresses et cet échec relatif, tout cependant n'était pas perdu pour l'avenir de la cause conservatrice. Avec les forces dont elle disposait, la droite était en mesure de prendre une importante situation ; elle était assez nombreuse pour exercer une influence sur la direction de la politique.

Le parti républicain, il faut encore le reconnaître, a, de son côté, répondu aux vœux du pays par une singulière attitude. Le succès du parti conservateur, le blâme infligé à la politique opportuniste ont provoqué chez lui l'explosion d'une colère dont le respect pour la souveraineté nationale n'a pas atténué l'expression. Le souffle électoral tendait à ramener le navire à droite ; le parti républicain s'est hâté de mettre, comme on l'a dit, le gouvernail plus à gauche. Les radicaux jacobins n'écoutent les volontés du suffrage universel que si ces volontés sont conformes aux leurs. A la manifestation faite par près de trois millions d'électeurs on répondit en constituant, sous couleur de concentration républicaine, un ministère plus radical qu'aucun de ceux qui l'avaient précédé et en prenant pour mot d'ordre : « le parti conservateur, voilà l'ennemi. »

Mais le parti conservateur, s'il eût été sage, était assez fort pour dédaigner ces vaines colères, répondre à ces provocations par le silence ou plutot n'y répondre qu'en choisissant pour mot de ralliement, pour article unique d'un programme qui eût pu être accepté par tous : Résistance au radicalisme. Il devait s'en remettre à l'avenir et au pays qui juge les partis d'après leur conduite et qui, en définitive, fait et défait les majorités, du soin de le venger des menaces. Faut-il croire que demander à un parti politique de résister à ses passions soit demander l'impossible? On serait tenté de le croire en voyant le spectacle que donnent nos assemblées publiques. L'avenir, dit-on, appartient aux plus sages. Faut-il renoncer à trouver des sages? Le parti conservateur n'a pas fait jusqu'à ce jour ce qu'il eût pu et dû faire pour que l'avenir fût à lui; il n'a pas pris à la Chambre, la place qu'il pouvait y prendre.

Dès le début de la session un grand débat s'est ouvert. Il s'agissait des mesures à prendre pour terminer l'expédition du Tonkin. La Chambre des députés était appelée à trancher souverainement, par un vote de crédits, une question dans laquelle l'honneur national était engagé. C'était une belle occasion pour la droite de prendre position. On avait à choisir entre deux partis : l'évacuation immédiate ou un sacrifice nouveau et une action assez énergique pour mettre fin à une campagne qui avait trop longtemps duré. L'évacuation, personne aujourd'hui ne le conteste plus, c'était la honte, c'était notre prestige dans l'extrême Orient détruit, l'honneur du drapeau terni, c'était une déclaration publique d'impuissance. Cependant les membres de la droite unis aux radicaux de l'extrême gauche ont refusé les crédits. Un seul d'entre eux a eu le courage de se séparer avec éclat de son parti pour montrer, dans un noble langage, ce qu'on allait faire en votant l'évacuation. On sait quelles protestations violentes il a soulevées sur les bancs de la droite. Et pourtant il n'était pas un seul de ceux qui protestaient ainsi qui, s'il eût été ministre, eût osé prendre devant son pays et devant l'histoire la responsabilité de faire l'évacuation, pas un qui ne sentît qu'une pareille tâche eût été honteuse pour celui qui l'eût acceptée, pas un qui, s'il eût été au pouvoir n'eût tenu le viril et patriotique langage de Mgr Freppel. Mais la passion les a dominés et la haine de la République a été chez eux, faut-il le dire, plus puissante que l'amour de la France. Ils ont senti que l'évacuation allait déshonorer la République et ils l'ont voulue pour cela. Ils n'ont pas vu ou pas voulu voir qu'en déshonorant la République ils déshonoraient leur pays.

Qu'on ne vienne pas dire que le pays voulait l'évacuation. Ce que le pays voulait, c'était la fin d'une campagne qui semblait devoir être éternelle. Je ne veux pas croire pour l'honneur de la France qu'elle préférait une fin honteuse à une paix honorable, dût cette paix être achetée au prix d'un dernier effort. Mgr Freppel l'a dit avec une mâle vigueur : « La France n'a pas envoyé des députés dans cette enceinte pour la déshonorer. »

Quelle belle attitude la droite avait à prendre dans ce grand débat, si un souffle patriotique avait pu l'inspirer. Elle avait assurément le droit de tenir, à la majorité républicaine et à ceux qui avaient dirigé l'expédition du Tonkin, un langage sévère, de montrer que cette expédition avait été mal préparée, mal conçue, mal dirigée. Mais cela fait, il fallait tourner les regards vers le drapeau si vaillamment tenu par nos soldats et ne pas marchander un dernier sacrifice à l'honneur de ce drapeau. Il ne fallait se demander qu'une seule chose, si l'effort proposé était suffisant pour réaliser vite et glorieusement le résultat désiré. Comment se peut-il qu'en face d'une question nationale il y ait dans une assemblée française d'autres hommes que des Français ?

Quelques jours après ce mémorable débat, le congrès

pour la réélection du président de la République se réunissait à Versailles. Il n'est douteux pour aucun homme de bon sens qu'un congrès, investi d'un pouvoir souverain, puisqu'il est formé de l'ensemble des pouvoirs constitutionnels, peut, s'il n'est pas maintenu rigoureusement dans la limite de ses attributions, faire courir à l'ordre public les plus graves périls. Il est donc indispensable qu'une autorité très ferme, celle du président de l'assemblée, veille à ce que les bornes mises à l'exercice de la souveraineté du congrès ne puissent être franchies et arrête toute discussion étrangère à l'objet de la convocation. Pour se donner le vain plaisir de protester contre les invalidations arbitraires prononcées par la majorité républicaine à la Chambre des députés, la droite, prenant prétexte de l'absence des députés invalidés, a voulu soumettre au congrès réuni pour l'élection présidentielle une motion d'ajournement. Il était parfaitement certain que cette motion n'avait aucune chance d'être accueillie par l'assemblée; mais le Président ayant refusé d'en permettre la discussion, en déclarant, avec raison croyons-nous, que le congrès n'était, dans la circonstance, qu'un collège électoral, on sait quels incidents tumultueux se produisirent et quel affligeant spectacle quelques-uns des membres de la droite ont donné. Si la sagesse n'imposait pas aux exaltés du parti conservateur le respect de l'autorité du président, le simple souci de leur dignité, le soin de la réputation de leur parti devaient leur interdire les violences de langage et de geste qui n'ont jamais été un signe de force ni de fermeté. Il nous paraît douteux que les conservateurs aient gagné, ce jour-là, dans l'esprit de leurs commettants.

Ils n'ont pas donné un plus édifiant spectacle lors du dépôt par M. Henri Rochefort, au mois de janvier 1886, d'une proposition d'amnistie. On se souvient qu'après la réélection de M. Grévy à la présidence, le ministère avait fait accorder, comme une sorte de don de joyeux avènement, la grâce de tous les condamnés politiques. Naturellement l'extrême gauche ne s'était pas tenue pour satisfaite de l'attention qu'on avait eue pour elle. Il fallait aux condamnés politiques une réparation plus complète qui n'eût pas l'air d'une faveur et qui s'appliquât, sans distinction, à toutes les catégories de condamnés pouvant se réclamer de la politique. M. Rochefort se hâta donc de proposer une loi d'amnistie assez large pour absoudre et réhabiliter toutes les victimes de l'injuste rigueur des lois. En face de cette proposition le gouvernement, contre son habitude, eut une minute d'énergie et, par l'organe de M. Goblet, combattit résolument l'urgence réclamée. Que fit la droite? Elle s'unit à l'extrême gauche, vota l'urgence et le ministère fut mis en minorité. Si le parti conservateur, fut comme on le dit, très satisfait du résultat de cette coalition, il faut avouer qu'il comprend singulièrement son rôle et ses devoirs et qu'il n'est pas très difficile sur le choix des ses satisfactions.

Il est vrai qu'il colora d'un prétexte son étrange conduite et essaya de justifier son vote en disant que l'amnistie aurait sans doute pour conséquence nécessaire de faire rapporter les arrêtés qui avaient suspendu des traitements ecclésiastiques à raison de faits électoraux. Le prétexte pouvait être ingénieux, mais la droite aurait dû savoir que l'amnistie, qui efface les décisions de justice, ne peut avoir d'effet sur les mesures administratives et par conséquent sur les suspensions de traitements ecclésiastiques. Elle aurait pu, dans tous les cas, trouver une autre manière de manifester sa sympathie pour les membres du clergé frappés par le ministre des cultes et son très légitime mécontentement contre l'arbitraire du ministre. Comment n'a-t-elle pas compris qu'en ne soutenant pas le ministère dans une tentative de résistance à l'extrême gauche, elle trahissait la cause conservatrice et perdait le droit de reprocher plus tard au gouvernement ses défaillances en face des radicaux?

Une occasion s'est rencontrée l'année dernière de faire une manifestation éclatante contre le radicalisme et les partis révolutionnaires. Lorsqu'il s'est agi de choisir le successeur de M. Grévy à la présidence de la République, on a mis en avant le nom de M. Jules Ferry. Les explosions de colère qu'a soulevées dans tout le parti radical la seule pensée que M. Jules Ferry pouvait être nommé par le congrès, imposaient au parti conservateur, s'il ne se fût inspiré que de l'intérêt social, de faire taire ses répugnances et de voter pour un candidat à l'élection duquel les radicaux annonçaient l'intention de s'opposer, même par la force. Avec M. Jules

Ferry à la présidence de la République, la scission avec l'extrême gauche se faisait nécessairement et c'en était fait peut-être de cette politique détestable dite de la concentration républicaine.

Cette fois encore la droite n'a pas compris son devoir et ce n'est pas sa faute si M. de Freycinet n'a pas été nommé. Nous ne voulons rien dire contre M. Carnot dont la personnalité est assurément respectable. Mais les intérêts conservateurs n'ont pas été précisément ceux qu'il a voulu servir en appelant au pouvoir le ministère Floquet. On peut être assuré que M. Jules Ferry, président de la République, n'aurait pas choisi dans l'extrême gauche ses collaborateurs, et s'il avait pu compter sinon sur l'appui, du moins sur la neutralité de la droite, il était capable peut-être d'inaugurer avec succès une politique singulièrement différente de sa politique d'autrefois. Sans doute le passé de M. Ferry n'était pas de nature à lui concilier la sympathie ni la confiance des conserva-vateurs. Mais ne voit-on pas aujourd'hui la droite oublier des sujets de rancune et de défiance bien légitimes et soutenir un général patronné par M. Rochefort et qui a pris contre les princes les mesures que l'on sait?

L'alliance avec les boulangistes, voilà la faute capitale et l'on ne peut juger trop sévèrement les conser-teurs assez naïfs pour croire qu'ils servent leur cause en pactisant avec la horde révolutionnaire qui veut asser-vir la France, ou assez oublieux de la dignité nationale pour se résigner, par haine de la République, au triomphe du boulangisme.

Que les bonapartistes acceptent une pareille alliance, on peut le concevoir. A défaut du César de leur choix, un aventurier rêvant la dictature doit obtenir facilement leur appui. L'amour du césarisme rend peu exigeant sur le choix du César. Mais les monarchistes, partisans d'une constitution libérale, comment expliquer leur conduite? Comment la justifier? Comment même la comprendre? On prête à un prince de la famille d'Orléans auquel on s'efforçait de démontrer les avantages de cette inqualifiable alliance, cette réponse : « Je ne sais pas si c'est l'intérêt; mais je suis sûr que ce n'est pas l'honneur. » Ce n'est pas plus l'intérêt que l'honneur.

Il n'y a pas de considération qui puisse justifier les conservateurs de faire cortège, en compagnie de M. Laguerre, de M. Rochefort et de M. Vergoin, à ce politicien vulgaire, à ce soldat frappé pour indiscipline qui promène à travers la France sa médiocrité prétentieuse et ses ridicules déclamations. Comment peut-on ne pas voir que tout vaut mieux que le remède offert par de pareils personnages, que la dictature à laquelle aspirent aujourd'hui au grand jour et impudemment le général Boulanger et ceux dont il est l'instrument, serait pire encore que les maux dont nous souffrons. Certes la politique et la personne de M. Floquet sont odieuses et notre situation actuelle est déplorable. Mais s'il n'y avait pas aujourd'hui d'autre moyen de se débarrasser des radicaux au pouvoir que de se confier aux radicaux boulangistes, mieux vaudrait mille fois rester quelque temps encore dans la situation présente.

Notre pauvre pays a traversé bien des épreuves et bien des crises. Le succès du général Boulanger serait quelque chose de plus grave que toutes les épreuves passées. Nous n'avons pas vu encore un général arriver au pouvoir sans autres titres à la confiance publique que d'avoir été frappé pour indiscipline et choisi comme instrument par les pires ennemis de l'ordre social. Si l'année 1889 nous réserve ce spectacle, ce sera la suprême déchéance et l'on pourra désespérer du pays.

Non! nous ne verrons pas cela; il n'est pas possible que le bon sens public et l'honneur national ne reprennent pas leurs droits. Qu'on délivre la France de l'oppression des comités radicaux, qu'on change de politique et les mécontentements s'apaiseront, et avec les mécontentements s'éteindra la popularité inexplicable de la cohorte boulangiste.

Que surtout les conservateurs se détachent de la misérable cohue qu'ils grossissent et qu'ils réduisent le général Boulanger au rôle d'un aventurier sans clientèle. Voilà le premier devoir que leur imposent l'honneur et l'intérêt.

Ils en ont un autre.

Qu'est-ce donc, en effet, qu'un parti conservateur qui n'a pas pour préoccupation sinon unique, au moins dominante, d'assurer, par tous les moyens en son pouvoir et sous quelque forme de gouvernement que ce soit, le triomphe des idées conservatrices?

Dira-t-on que tous les efforts auraient été stériles, que la destinée fatale de la République en France est de tomber entre les mains des radicaux qui la considèrent comme leur chose? Quand cela serait, qu'importe! L'intérêt même du parti conservateur commandait que ces efforts fussent tentés.

Croit-on que, si le pays avait vu, dans le Parlement, la minorité conservatrice n'employer son énergie et ses forces qu'à lutter sans relâche contre les entreprises radicales et à défendre partout et toujours l'ordre et l'intérêt public, il ne serait pas venu à elle avec confiance le jour où, las des agitations, des luttes et des discordes, désabusé par de décevantes expériences, il aurait enfin compris où on le conduisait? Si, au mois d'octobre 1885, le parti conservateur s'était montré aux électeurs uniquement préoccupé de remédier aux maux dont souffrait le pays, sans lui faire courir d'aventures ni l'exposer à de nouvelles secousses, il est probable que le mouvement de réaction conservatrice eût été infiniment plus fort et eût amené à la Chambre une majorité capable d'opposer une digue au flot montant du radicalisme.

Et si, depuis 1885, les membres de ce parti, forts de leurs trois millions de suffrages, avaient fait une politique conservatrice nationale au lieu d'une politique de parti, aujourd'hui ils n'entendraient pas dire que, s'ils se font les alliés des Boulangistes, c'est parce qu'ils ont vu depuis cinq ans leur influence dans le pays diminuer quand elle aurait dû grandir, et qu'ils ont besoin d'un patronage pour éviter aux élections prochaines l'échec que leurs fautes leur ont préparé. Ils pourraient se présenter en 1889 la tête haute et à visage découvert et peut-être les élections se feraient-elles à leur profit.

On a paru un moment comprendre à droite et à gauche la nécessité d'un changement de politique ; les excès du radicalisme et l'enseignement qui se dégageait des dernières élections, ont provoqué, chez quelques-uns des membres du parti conservateur et de l'ancienne majorité républicaine, de salutaires réflexions. Quelques efforts ont été faits pour constituer à la Chambre un parti d'opposition conservatrice constitutionnelle, mais ces efforts isolés, ces tentatives timides n'ont rencontré auprès du plus grand nombre qu'un accueil peu empressé.

On ne peut, d'ailleurs, méconnaître que la constitution d'un groupe conservateur, formé d'éléments pris dans la droite et dans la gauche, présente de sérieuses difficultés. Il est assez difficile de croire que la droite, après ce qui s'est passé depuis dix ans, viendra se ranger sous la bannière de M. Jules Ferry converti ou de tel autre chef de la majorité républicaine. Lui demander de faire un traité d'alliance en règle avec ses ennemis d'hier serait lui demander trop. Des hommes qui, comme M. Jules Ferry, ont tant fait pour les radicaux sont-ils bien sincères dans leurs avances aux conservateurs ? On a le droit d'en douter. On peut penser aussi, non sans raison, qu'ils sont trop compromis par leurs actes passés pour être en état de servir avec autorité la cause conservatrice [1].

1. Le récent discours de M. Jules Ferry ne dissipera pas les défiances. Venant après celui de M. Challemel-Lacour au Sénat, il

D'autre part, le parti républicain n'a rien fait pour ramener à lui ses adversaires, apaiser les haines et calmer les passions. Pour ne citer qu'un exemple, n'a-t-il pas, en votant l'expulsion des princes, sans motif aucun, sans même un prétexte et uniquement parce que les radicaux l'exigeaient, creusé l'abîme qui éloigne de la République les partis monarchistes et rendu presque impossible la trève que quelques républicains demandent?

Si donc on voulait constituer dans le Parlement une opposition conservatrice assez puissante pour faire prévaloir une politique de résistance au radicalisme, il ne fallait pas chercher à donner à cette opposition la forme d'un groupe uni par un programme commun. Il ne fallait pas même, il ne faut pas demander à la droite une adhésion formelle à la République; on ne l'obtiendrait pas. Qu'elle veuille seulement renoncer aux coalitions compromettantes, à son système d'obstruction stérile et faire passer l'intérêt de la France avant ses intérêts, ses préférences ou ses haines de parti; elle arrivera de cette façon à former avec les éléments modérés de la gauche, non pas un groupe, mais, ce qui vaut mieux, un grand parti n'ayant pour

---

n'a pas été ce qu'il aurait dû être. M. Jules Ferry prend soin de dire qu'il n'a pas été à Canossa. Nous le regrettons pour lui. Il y a plus de dignité et d'honneur à reconnaître ses fautes et à faire une conversion sincère qu'à laisser entendre qu'on fait, dans un intérêt électoral, une évolution momentanée. M. Jules Ferry ne serait-il décidément qu'un opportuniste qui voit d'où le vent souffle et ne change de route que pour n'être pas emporté ?

programme que la défense des institutions menacées, pour lien que la communauté de ses votes sur chaque question importante. Un tel parti, s'il se formait, pourrait exercer, sans aucun doute, une action puissante.

Pour se résoudre à suivre cette politique sage, féconde, vraiment digne d'elle et des principes de gouvernement qu'elle représente, la droite devrait se dire que les radicaux, comme le général Boulanger qui n'est, en somme, qu'un radical antiministériel, trouvent dans sa politique d'opposition irréconciliable à la forme du gouvernement l'un des éléments importants de leur succès et qu'ils cherchent à surexciter chez elle la haine de la République parce qu'ils en vivent. Elle peut être bien convaincue, d'ailleurs, qu'elle n'amènera le pays à se confier à ses mains que si elle lui donne des gages de son dévouement exclusif et inébranlable au bien public.

Il y a beaucoup à faire pour rendre à la France l'ordre, la paix et la prospérité. Les expériences radicales ont amoncelé déjà bien des ruines. Le désordre est partout, il sera bientôt irrémédiable si l'on ne se hâte d'arrêter dans leurs entreprises des hommes qui, dans leur fureur de détruire, détruiraient l'ordre universel lui-même, si Dieu n'avait eu la sagesse de le mettre hors de leur portée. Le parti conservateur a donc un devoir pressant et impérieux à remplir. Sous peine de se rendre indigne à tout jamais de la confiance du pays, il faut qu'il n'ait, dès aujourd'hui, qu'une pensée : s'opposer aux expériences nouvelles que les radicaux méditent et réparer, s'il est possible, les conséquences déplorables des expériences passées. Pour réussir dans cette tâche, il faut qu'il cherche et accepte tous les concours, de quelque côté qu'ils viennent. Va-t-il enfin comprendre qu'il ne lui est pas permis d'avoir une autre politique que celle-là? Il ne s'agit pas aujourd'hui de savoir si la monarchie ou l'empire valent mieux que la République ; il y a une question vitale qui domine celle-là; il s'agit de savoir si les radicaux ministériels ou boulangistes achèveront la désorganisation qui commence.

Et si les conservateurs sont retenus dans la voie qu'ils suivent pour le malheur du pays, par cette pensée que de l'excès du mal sortira enfin le bien qu'ils espèrent, cela ne fait honneur ni à leur patriotisme ni à leur clairvoyance. Ils auront fait une belle œuvre quand ils auront réédifié un gouvernement nouveau sur les ruines d'une France qui aura vu s'effondrer toutes les assises sans lesquelles il ne peut exister ni état social régulier, ni gouvernement durable.

V

Dégageons de ces constatations et de ces réflexions attristantes une conclusion pratique.

Une année à peine nous sépare des élections générales et, si la situation reste ce qu'elle est, il ne faut pas se dissimuler que le succès des boulangistes est à peu près certain. En tous cas, la lutte n'existera qu'entre boulangistes et radicaux. Les modérés disparaîtront et cela ne devra pas les surprendre. Le pays juge les hommes par leurs œuvres. Il ne connaît pas les modérés ou les considère comme des impuissants, puisqu'il ne les a jamais vus exercer sur la direction de la politique une action appréciable.

Il dépend du président de la République de mettre ces modérés, dont la masse électorale ignore presque l'existence, en mesure de montrer au pays ce que serait leur politique s'ils avaient une majorité. Qu'il le fasse, sans se préoccuper de savoir si un ministère résolument antiradical trouvera ou ne trouvera pas une majorité à la Chambre. Si la politique de ce ministère satisfait le pays, qu'importe qu'elle ne plaise pas à la Chambre? Ce n'est pas d'elle que le gouvernement, à l'heure présente, doit se préoccuper. Elle est discréditée et ses jours sont comptés ; on peut se passer d'elle et gouverner pour le pays. Il suffit d'avoir assez de fermeté pour oser braver pendant six mois quelques colères ; pour les avoir provoquées, le ministère n'en sera pas moins fort. Qui sait même si le plus sûr moyen de gagner la confiance et la faveur du pays n'est pas de lui montrer qu'on partage le dégoût que lui inspire la Chambre? N'est-ce pas tout le secret du succès des boulangistes?

On ne saurait trouver un moment plus favorable pour faire cette tentative et essayer d'arracher ainsi la France aux ambitieux qui veulent en faire leur proie et la croient déjà dans leurs mains. Le budget est voté, ce qui assure au gouvernement six ou huit mois d'indépendance. Qu'on attende, si l'on veut, le vote de la loi électorale que le ministère Floquet paraît se disposer à soutenir et dont l'adoption diminuera très certainement les chances des boulangistes. Après cela, il faut, sans perdre une heure, se débarrasser du cabinet actuel et inaugurer une politique nouvelle sans avoir souci des cris des radicaux.

Pourquoi donc, d'ailleurs, si le gouvernement n'avait pas pour lui la majorité de la Chambre, ne se contenterait-il pas de la majorité du Sénat? Si nous avons deux assemblées, c'est apparemment pour que l'une d'elles ne soit pas souveraine. La Chambre a pris l'habitude de croire que l'existence des cabinets dépend d'elle seule. Il n'y aura rien d'inconstitutionnel à lui montrer qu'on peut, au moins pour un temps, gouverner en se passant d'elle. On le peut d'autant mieux que, comme l'a dit M. Challemel-Lacour dans le discours qu'il vient de prononcer à propos du budget, « Le pays entoure le Sénat de son respect et tourne les regards de son côté avec une juste confiance. »

Le pays a raison et M. le président de la République doit faire comme le pays et tourner ses regards du côté du Sénat. L'admirable discours de M. Challemel-Lacour aura, nous voulons le croire, un retentissement salutaire. Il contient autre chose que de sages et éloquentes paroles. La personne et le passé de celui qui l'a prononcé lui donnent la valeur d'une abjuration solennelle qui devrait faire sur tous les hommes de bon sens une impression profonde. Que les républicains méditent les conseils et les avertissements qu'ils viennent d'entendre, que les conservateurs, eux aussi, écoutent l'appel fait à leur patriotisme par un républicain qui leur enseigne comment on reconnaît ses erreurs, que le président de la République use de ses prérogatives pour donner le pouvoir à des hommes dont la présence rassure et réconforte le pays que l'oppression radicale affole! Qu'on ne dise pas qu'il est trop tard! Il n'est jamais trop tard pour essayer de sauver la liberté et la patrie.

Paris. — Imp. P. Mouillot, 13, quai Voltaire. — 92326.

www.ingramcontent.com/pod-product-compliance
Lightning Source LLC
Chambersburg PA
CBHW051139050726

47594CB00003B/1162